BEI GRIN MACHT SICH IHR WISSEN BEZAHLT

Tobi Remsch

Agenda-Setting und Priming

Herausbildung und aktueller Forschungsstand zweier Modelle der Medienwirkung

GRIN Verlag

Bibliografische Information der Deutschen Nationalbibliothek:

Die Deutsche Bibliothek verzeichnet diese Publikation in der Deutschen National-
bibliografie; detaillierte bibliografische Daten sind im Internet über http://dnb.d-
nb.de/ abrufbar.

Impressum:

Copyright © 2011 GRIN Verlag GmbH
Druck und Bindung: Books on Demand GmbH, Norderstedt Germany
ISBN: 978-3-656-62071-6

Dieses Buch bei GRIN:

http://www.grin.com/de/e-book/209056/agenda-setting-und-priming

GRIN - Your knowledge has value

Der GRIN Verlag publiziert seit 1998 wissenschaftliche Arbeiten von Studenten, Hochschullehrern und anderen Akademikern als eBook und gedrucktes Buch. Die Verlagswebsite www.grin.com ist die ideale Plattform zur Veröffentlichung von Hausarbeiten, Abschlussarbeiten, wissenschaftlichen Aufsätzen, Dissertationen und Fachbüchern.

Besuchen Sie uns im Internet:

http://www.grin.com/

http://www.facebook.com/grincom

http://www.twitter.com/grin_com

Universität Potsdam

Agenda-Setting und Priming

Herausbildung und aktueller Forschungsstand zweier Modelle der
Medienwirkung

Inhaltsverzeichnis

1. Einführung 3

2. Was sind Agenda-Setting und Priming? 3

3. Die Erforschung des Agenda-Setting Effekts 4

    3.1 Die Chapel-Hill Studie 5

    3.2 Modell des Agenda-Settings nach McCombs und Shaw 6

    3.3 Agenda-Setting in Zeitreihenuntersuchungen 7

    3.4 Agenda-Setting im Experiment 8

    3.5 Weiterentwicklung des Agenda-Setting Modells 10

    3.6 ‚TriggerEvents‘ 11

4. ‚Second Level Agenda-Setting‘: Priming 13

    4.1 Die Erforschung des Priming 13

5. Agenda-Setting und Priming im 21. Jahrhundert 14

    5.1 Die ‚Public Agenda‘ im Wandel der Zeit 15

    5.2 Medienagenden im 21. Jahrhundert 16

    5.3 Fazit 17

1. Einführung

Zu Beginn des 20. Jahrhunderts entstanden Hörfunk und Film als moderne Medien jenseits der drucktechnischen Reproduktion und eroberten rasch die gesamte westliche Welt. Damals prägte sich auch die Medienwirkungsforschung aus, die heute als Schnittstelle der Kommunikations- und Medienwissenschaften angesehen wird. Wissenschaftler diskutieren seitdem kontrovers über die Stärke und Wirkungsmacht des medialen Einflusses auf den Prozess der politischen Willens- und Meinungsbildung. Die anhaltende Wichtigkeit und Aktualität dieser Frage ergibt sich einerseits aus der Tatsache, dass Bürgerinnen und Bürger Informationen über politische Themen kaum aus erster Hand erhalten und daher stets auf die Massenmedien angewiesen waren. Andererseits führen in unserer heutigen Zeit komplexer werdende politische Strukturen und eine wachsende Anzahl von Medien zur Ausweitung des Gebrauchs der vielfältigen Möglichkeiten der Informationsbeschaffung zur politischen Meinungsbildung.

Im Kern dreht sich die Debatte um die Frage nach den wechselseitigen Beziehungen zwischen objektiver, medialer und sozialer Realität. Zwei Modelle der Medienwirkung setzen bei dieser Fragestellung an und werden das Thema dieser Arbeit sein: Agenda-Setting und Priming. Zunächst wird eine Definition und Erklärung der beiden Ansätze folgen, sowie ein historischer Abriss, in dem die Evolution der Modelle und eine Auswahl verschiedener Studien beschrieben werden. Darüber hinaus wird auch der aktuelle Stand der Forschung illustriert und die Frage gestellt, ob und inwiefern Agenda-Setting und Priming auch im 21. Jahrhundert lohnenswerte und interessante Untersuchungsgegenstände sind (vgl. Brettschneider 1994: 211 f.; auch: Scheufele / Tewksbury 2007: 9 f.).

2. Was sind Agenda-Setting und Priming?

Der Agenda-Setting Effekt, der das zentrale Thema dieser Arbeit darstellt, ergibt sich in erster Linie aus dem Verhältnis zwischen der medialen und sozialen Realität. Er geht von der Annahme aus, dass eine signifikante Korrelation zwischen der thematischen Schwerpunktsetzung der Medien und der Einschätzung der Wichtigkeit bestimmter Themen durch die Rezipienten besteht. Dem traditionellen Agenda-Setting Modell zu Folge stiege die Wichtigkeit eines Themas in der Wahrnehmung der Bevölkerung mit der relativen Häufigkeit und dem Umfang medialer Berichterstattung über dasselbe.

Im Jahre 1963 machte Bernard C. Cohen diesbezüglich folgende Feststellung, die heute als die Grundlage für die klassische Agenda-Setting Hypothese gilt:

„ [...] the press is significantly more than a purveyor of information. It may not be successful much of the time in telling people what to think, but it is stunningly successful in telling its readers what to think *about.*" (Cohen 1963: 13)

Die Medien können demzufolge lediglich Einfluss auf die Inhalte nehmen, mit denen die Empfänger sich beschäftigen, nicht aber auf Einstellungen oder Bewertungen.

Einen Schritt weiter geht das Modell des Primings, das als Weiterentwicklung des Agenda-Setting Ansatzes gilt und davon ausgeht, dass die mediale Berichterstattung nicht nur die Dringlichkeit bestimmter Themen in der sozialen Realität beeinflusst, sondern auch einen Effekt auf die Standards der Bewertung der politischen Performanz hat. Sofern einem Thema eine hohe Medienpriorität zu Teil wird, würden die Evaluierungsmaßstäbe der Bevölkerung dadurch beeinflusst. Demzufolge hätte beispielsweise das Handeln regierender Politiker in dem speziellen Themenfeld, das an der Spitze der Publikumsagenda liegt, einen sehr starken Einfluss auf die allgemeine Bewertung der Regierungsarbeit. Weniger dringlich empfundene Themen hätten dagegen nur geringfügigen Einfluss auf Bewertungsraster und die öffentliche Meinung von der Regierung hinge nur in schwachem Maße von ihrem Handeln in diesem Bereich ab.

In der englischsprachigen Medienwirkungsforschung unterscheidet man die beiden Modelle auch in „First-Level" und „Second-Level" Agenda-Setting, wobei es auf dem ersten Level lediglich um die Objekte und Inhalte, auf dem zweiten um bestimmte Eigenschaften und Attribute geht. Welches der beiden Modelle Gültigkeit besitzt, ergo wie wirkungsmächtig die Medien in Bezug auf die politische Meinungs- und Willensbildung sind, das ist der Kern der eingangs erwähnten Debatte (vgl. Jäckel 2011: 189 ff.).

3. Die Erforschung des Agenda-Setting Effekts

Gleichwohl der Begriff des Agenda-Settings erst in den 60er Jahren des 20. Jahrhunderts eingeführt wurde, hatten sich zahlreiche Wissenschaftler bereits vorher mit den theoretischen Gedanken hinter dem Ansatz befasst, allen voran Walter Lippmann. In seinem damals bahnbrechenden Werk ‚Public Opinion' aus dem Jahre 1922 stellt er die These auf, dass persönliche Vorstellungen von der Wirklichkeit, also die soziale Realität, in hohem Maße von der Verarbeitung bzw. Nicht-Verarbeitung bestimmter Informationen abhängig sei, „denn die reale Umgebung ist insgesamt zu groß, zu komplex und auch zu fließend um direkt erfasst zu werden" (Lippmann 1990: 18).

Es folgten zahlreiche weitere wissenschaftliche Auseinandersetzungen mit dieser theoretischen Idee, eine erste empirische Untersuchung derselben jedoch erst im Jahre 1972, ein halbes Jahrhundert nachdem Lippmann sie in dem Kapitel „The World Outside and the Pictures in Our Heads" erstmals skizziert hatte.

Grundlage einer jeden empirischen Studie des Agenda-Setting Effekts musste stets der Vergleich der Prioritäten sein, die bestimmten Themen in der objektiven, sozialen und medialen Welt eingeräumt wurde. Hierfür wurden jeweils Ranglisten erstellt, in denen politische Themen bzw. Probleme in einer bestimmten Hierarchie angeordnet werden. Unterschieden werden dabei – entlang der erwähnten Realitätsdimensionen - die ‚Media Agenda', die ‚Public Agenda' und sogenannte ‚Real-World-Indikatoren'.

Die Basis der Erfassung der Medienagenda stellen Inhaltsanalysen der Berichterstattung dar, wobei besonders quantitative Faktoren zählen. So werden beispielsweise Dauer, Umfang und Anzahl der Beiträge zu verschiedenen politischen Sachgebieten in Zeitungen, Hörfunk oder Fernsehnachrichten erfasst. Anschließend können die Daten verglichen und eine Rangliste der wichtigsten politischen Themen in den Medien erstellt werden.

Die ‚Public Agenda' wird meist mittels Bevölkerungsumfragen festgestellt. Die regelmäßigen Umfragen diverser Meinungsforschungsinstitute nach politischen Problemen liefern hierfür eine ausreichende Datenbasis.

Zu den ‚Real-World-Indikatoren' zählen vor allem Statistiken, die die objektive Realität möglichst exakt abzubilden versuchen. Offizielle Statistiken liefern umfangreiche Informationen, unter anderem über Arbeitslosigkeit, Kriminalität oder Wirtschaftskraft (vgl. Brettschneider 1994: 211 f.; vgl. auch: Jäckel 2011: 195 f.).

3.1 Die Chapel-Hill Studie

Donald Shaw und Maxwell McCombs, Professoren für Journalismus in North Carolina führten während des US-amerikanischen Präsidentschaftswahlkampfes 1968 eine kleine Studie mit enormer Wirkung durch, die heute als die Pionierarbeit der Agenda-Setting Forschung gilt. Ihre Hypothese hierfür lautete:

„While the mass media may have little influence on the direction or intensity of attitudes, it is hypothesized that *the mass media set the agenda for each political campaign, influencing the salience of attitudes toward the political issues.*" (McCombs / Shaw 1972: 177)

McCombs und Shaw erstellten zwei Rangordnungen der für den Wahlkampf wichtigsten Themen, eine für die soziale und eine weitere für die mediale Realität. Zur Erstellung ersterer führten sie eine Bevölkerungsumfrage durch, in der 100 unentschlossene Wähler in der Kleinstadt Chapel Hill telefonisch befragt wurden, welche politischen Themen sie derzeit als am wichtigsten ansehen. Die zweite Rangordnung wurde mittels einer Medieninhaltsanalyse erstellt, in der Meldungen aus vier lokalen Zeitungen, drei überregionalen Magazinen und den Fernsehnachrichten der Sender NBC und CBS ausgewertet wurden. McCombs und Shaw erstellten 15 Themenbereiche, die für den Wahlkampf von Bedeutung waren (u.a. Foreign policy, Law and order oder Public welfare) und nahmen eine Einteilung der Ergebnisse bzw. Antworten in diese Kategorien vor. Die Auswertung der Daten ergab, dass ein signifikanter statistischer Zusammenhang von über 90% zwischen der Medienagenda und der Publikumsagenda besteht und Medien ergo einen Einfluss auf die öffentliche Wahrnehmung der Realität haben.

Obwohl die Chapel-Hill Studie bis heute von enormer Bedeutung für die Agenda-Setting Forschung ist und zahlreiche Publikationen Bezug auf sie nehmen, wurde sie aus diversen Gründen stark kritisiert. So sei beispielsweise die Bevölkerungsumfrage wegen der kleinen Stichprobe (n=100) nicht repräsentativ. Weiterhin stammten alle Befragten aus derselben Kleinstadt und stellten eine sozial relativ homogene Gruppe dar, von der man keine Rückschlüsse auf die US-amerikanische Gesamtbevölkerung ziehen könne. Außerdem wurde behauptet, dass aus der Chapel-Hill Studie keine kausale Ordnung abzulesen sei, eine Folge des Untersuchungsdesigns als Querschnittstudie zu einem bestimmten Zeitpunkt – es könne genauso gut der Fall sein, dass die Medien in ihrer Berichterstattung ohnehin die Themen aufgriffen, die die Öffentlichkeit beschäftigten. Demzufolge würden sowohl die mediale als auch die soziale Realität unabhängig voneinander von der objektiven Realität beeinflusst (vgl. Brettschneider 1994: 213 f.; vgl. auch Jäckel 2011: 190 ff.).

3.2 Modell des Agenda-Settings nach McCombs und Shaw

McCombs und Shaw führten in den folgenden Jahren eine Vielzahl weiterer Untersuchungen durch und arbeiteten an der Entwicklung eines allgemeinen Wirkungsmodells für den Prozess des Agenda-Settings. 1977 entwickelten sie schließlich das Awareness-Salience-Priorities Modell (dt.: Aufmerksamkeit-Hervorhebung-Priorisierung), das den Effekt der Angleichung der Publikums- an die Medienagenda veranschaulicht. Der Ausgangspunkt dieses Modells ist die mediale Berichterstattung, die die Rezipienten auf ein bestimmtes Thema aufmerksam macht. Dieses Thema würde durch eine bestimmte Gewichtung, z.b. die Anzahl und Länge der relevanten Beiträge in einer Nachrichtensendung, mehr oder weniger stark hervorgehoben. Wie wichtig ein Thema von den Rezipienten eingeschätzt wird, hinge von eben jener Hervorhebung ab. Anfangs konkurriere es dabei noch mit anderen Themen, die bereits auf der Publikumsagenda stehen. Der Agenda-Setting Effekt ende schließlich mit der exakten Anpassung der sozialen an die mediale Agenda, die Prioritätenliste der Medien werde also von den Rezipienten übernommen (vgl. Jäckel 2011: 194 f.).

3.3 Agenda-Setting in Zeitreihenuntersuchungen

Eine Überprüfung der kausalen Ordnung des Agenda-Setting Effekts war nur durch regelmäßige Erhebungen der Publikums- und Medienagenda und den Abgleich der beiden möglich. Eine erste entsprechende Untersuchung wurde im Jahre 1973 von G. Ray Funkhouser durchgeführt. Für die 60er Jahre des 20. Jahrhunderts verglich er die thematische Schwerpunktsetzung von 4 US-amerikanischen Nachrichtenmagazinen mit den Ergebnissen der regelmäßigen Frage des Meinungsforschungsinstituts „Gallup" nach „the most important problem facing the nation today".

Durch dieses longitudinale Untersuchungsdesign wurde eine Überprüfung der kausalen Ordnung des Agenda-Settings möglich. Diese lieferte Unterstützung für die ursprüngliche Hypothese – in der Regel ging nämlich die Medienagenda der Publikumsagenda voraus. Rückte ein bestimmtes Thema in der Prioritätenliste der Medien auf, so fand danach meist auch eine entsprechende Anpassung in der Publikumsagenda statt. Nur in einigen Fällen verliefen die Entwicklungen in der Publikums- und Medienagenda parallel. Auch andere longitudinale Untersuchungen in den folgenden Jahren bestätigten, dass der Agenda-Setting Effekt von den Medien zu den Rezipienten – und nicht umgekehrt - verläuft.

Diese erste Zeitreihenuntersuchung des Agenda-Settings förderte eine weitere interessante Erkenntnis zu Tage. Analysiert wurde nämlich nicht nur das Verhältnis von sozialer und medialer Realität, sondern auch das der objektiven und der medialen Realität. Erstere wurden mit 'Real-World-Indikatoren' erfasst, zum Beispiel die Anzahl der in Vietnam stationierten

US-amerikanischen Soldaten oder die Inflations-, Armuts- und Arbeitslosigkeitsrate. Die Analyse der gesammelten Daten ergab, dass die Medien oftmals ein verzerrtes Bild der Realität lieferten. So stellt Funkhouser in der Auswertung seiner Untersuchung fest:

> „these data suggest that the news did not give a very accurate picture of what was going on in the nation during the sixties. Rather than mirroring the realities of the times, the media seem to have attended to persons or agencies with the ability to call attention to particular issues by creating 'news', and to have decreased their attention to other issues as related events (even though possibly increasing) started to seem like the 'same old thing'." (Funkhouser 1973: 73)

Diese Diskrepanz konnte durch den erfolgten Beweis der Antezedens der medialen gegenüber der sozialen Realität auch auf das Verhältnis der Publikumsagenda zur realen politischen Situation übertragen werden - aus einer verzerrten Berichterstattung der Medien ergibt sich auch eine verzerrte Publikumsagenda. Die vielfältigen Gründe für die von der Realität abweichende Schilderung politischer Sachverhalte durch die Medien, zum Beispiel Sensationslust oder gezielte Beeinflussung durch die Politik können im Rahmen dieser Arbeit jedoch nicht weiter thematisiert werden (vgl. Brettschneider 1994: 214 f.; vgl. auch: Funkhouser 1973: 64 ff.)

3.4 Agenda-Setting im Experiment

Zwar hatten Zeitreihenuntersuchungen zum Agenda-Setting Effekt eine Überprüfung der kausalen Ordnung ermöglicht und damit den Beweis erbracht, dass die Medien tatsächlich die öffentliche Meinung beeinflussen, jedoch wurde der Effekt noch nicht in einem Experiment auf den Einfluss von Drittvariablen untersucht. Ein erstes, streng kontrolliertes und heute sehr bekanntes Laborexperiment führten Iyengar und Kinder in den Jahren 1980-82 durch.

Per Anzeige wurden in der Region um New Haven, Connecticut Teilnehmer geworben, die einen Querschnitt der Bevölkerung darstellten. So waren beispielsweise alle Altersgruppen zwischen 19 und 63 Jahren vertreten und 54 % derjenigen, die sich auf die Anzeige hin meldeten waren Frauen, 30 % Schwarze. Die Teilnehmer wurden per Zufallsprinzip auf zwei Gruppen verteilt, eine Experimantal- und eine Kontrollgruppe. Vor Beginn des eigentlichen Experiments wurden sie aufgefordert, einen umfangreichen Fragebogen auszufüllen, unter anderem zu politischen Themen und zur Parteipräferenz.

An den kommenden fünf Tagen wurden die Teilnehmer eingeladen, sich in den Räumen der Universität jeweils eine 30-minütige Fernsehnachrichtensendung vom vergangenen Tage anzusehen. Die Räume wurden dafür gemütlich eingerichtet und die Teilnehmer schauten die Sendungen stets in kleinen Gruppen, um eine möglichst authentische Situation und Atmosphäre zu schaffen (vgl. Iyengar / Kinder / Peters 1982: 848 ff.).

Der Kontrollgruppe wurde an allen Tagen die tatsächliche Nachrichtensendung des Vortags vorgespielt, wohingegen die Experimentalgruppe nur manipuliertes Material zu Gesicht bekam. Sie sahen die gleichen Nachrichten, in ihrem Fall jedoch professionell technisch überarbeitet. In der Mitte der Sendung nämlich wurde täglich ein zwei- bis vierminütiger Beitrag zu sicherheitspolitischen Themen aus Archivmaterial des Fernsehsenders eingefügt. Diese Nachrichtenausschnitte befassten sich zum Beispiel mit der Bedrohung durch die Sowjetunion, der Gefahr des Verlusts weltpolitischen Einflusses der USA oder den Forderungen amerikanischer Politiker nach einer Erhöhung des Militärbudgets.

Am Ende der Woche wurden die Teilnehmer erneut aufgefordert, den Fragebogen auszufüllen, den sie bereits vor sechs Tagen bearbeitet hatten. Aus den Fragebögen konnten unter anderem Ranglisten der politischen Themen erstellt werden, die die Teilnehmer der Studie als am dringlichsten empfanden – vor und nach dem Experiment.

Zu Beginn der Woche war die Rangliste der Experimentalgruppe identisch mit der der Kontrollgruppe. Die drei wichtigsten Themen waren Inflation, Umweltverschmutzung und Arbeitslosigkeit, erst an sechster Stelle folgte die Sicherheitspolitik. Nachdem sie jedoch die fünf manipulierten Nachrichtensendungen angesehen hatten, rückte die Sicherheitspolitik in der Agenda der Experimentalgruppe auf den zweiten Rang, nur die Inflation wurde nach wie vor als das dringlichere Problem angesehen. In der Kontrollgruppe hingegen blieb die Sicherheitspolitik unverändert an sechster Stelle.

Damit hatten Iyengar und Kinder in ihren Laborexperimenten unter kontrollierten Bedingungen bewiesen, dass eine gezielte Beeinflussung der Publikumsagenda durch die Medien möglich ist. Allein durch eine höhere Anzahl von Beiträgen konnte einem Thema in der Wahrnehmung der Rezipienten besondere Dringlichkeit verliehen werden, obwohl diese in der objektiven Realität nicht bestand (vgl. Brettschneider 1994: 220 f.; vgl. auch Iyengar / Kinder / Peters 1982: 850 ff.):

> „our experiments decisively sustain Lippmann's suspicion that media provide compelling descriptions
> of a public world that people cannot directly experience. We have shown that by ignoring some
> problems and attending to others, television news programs profoundly affect which problems viewers
> take seriously." (Iyengar / Kinder / Peters 1982: 855)

In den Folgejahren führten Iyengar und Kinder ähnliche Experimente zum Agenda-Setting Effekt durch, die stets zum gleichen Ergebnis kamen und die Hypothese stützten. Beispielsweise teilten sie für eine Studie die Teilnehmer in drei Gruppen auf: Umweltschutz, Inflation und Sicherheitspolitik. Für jede der Gruppen wurden die Nachrichtensendungen jeweils vollständig von Beiträgen zum Thema der anderen Gruppen befreit und stattdessen Archivbeiträge zum eigenen Thema in der Mitte eingearbeitet. Außer in der Inflationsgruppe kam es stets zu einem signifikanten Aufstieg der eigenen und einem signifikanten Abstieg der anderen Themen in der Rangliste der wichtigsten Probleme.

Dass dies für die Gruppe Inflation nicht der Fall war, liegt schlichtweg daran, dass das Thema schon vor der Durchführung des Experiments an erster Stelle der Agenda stand, es kam ergo zum sogenannten ‚Deckeneffekt'.

Iyengar und Kinder untersuchten in ihren Studien außerdem auch, welche Merkmale die Teilnehmer aufwiesen, bei denen ein besonders starker bzw. schwacher Agenda-Setting Effekt zu verzeichnen war. Sie stellten bei den Teilnehmern ihrer Studien eine geringere mediale Beeinflussung fest, je gebildeter, politisch interessierter, engagierter und informierter diese waren. Demzufolge tritt der Agenda-Setting Effekt besonders stark bei politisch desinteressierten und ungebildeten Menschen zu Tage, für die Strukturen und Inhalte der politischen Welt besonders fremd sind (vgl. Brettschneider 1994: 220 ff.).

In den Laborexperimenten konnten darüber hinaus auch Veränderungen in den Bewertungsstandards politischer Performanz festgestellt werden, die mit dem Aufstieg eines politischen Themas in der Publikumsagenda einherging: "We have also discovered another pathway of media influence: priming. Problems prominently positioned in television broadcasts loom large in evaluation of presidential performance." (Iyengar / Kinder / Peters 1982: 855).

Auf die Erkenntnisse Iyengars und Kinders und den Ansatz des Priming werde ich im vierten Kapitel dieser Arbeit weiter eingehen, zunächst jedoch die weitere Entwicklung der Agenda-Setting Forschung schildern.

3.5 Weiterentwicklung des Agenda-Setting Modells

Neben den Agenden der Dimensionen Public, Media und Real-World unterscheiden Dearing und Rogers weiterhin die Policy Agenda. Diese könne ihnen zu Folge zum Beispiel durch eine genaue Betrachtung der Parlamentsdebatten hinsichtlich der Dauer der Diskussionen zu bestimmten Themen erfasst werden, ebenso durch eine Analyse der Budgetverteilung oder der verabschiedeten Gesetze.

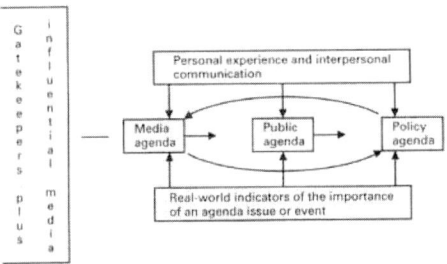

(entnommen aus: Dearing / Rogers 1996: 5)

In ihrem 1996 erschienenen Werk "Agenda Setting" entwickelten Dearing und Rogers ein Kausalmodell, das über die Wechselwirkungen zwischen Medien- und Publikumsagenda hinaus geht. Demnach wäre nicht nur ein Einfluss der medialen Berichterstattung auf die 'Public Agenda' feststellbar, sondern diese würde ihrerseits die politische Agenda direkt beeinflussen. Ergo würde die Politik sich mit besonderer Priorität solchen Themen bzw. Problemen widmen, die von der Bevölkerung als besonders dringlich angesehen werden (vgl. Dearing / Rogers 1996 72 ff.; vgl. auch: Jäckel 2011: 196 f.).

3.6 ‚TriggerEvents'

Das Modell bezieht ferner auch besonders spektakuläre oder katastrophale Ereignisse in die Ausformung der Medienagenda ein. Diese könnten einen besonders starken und nachhallenden, also über die Zeit der intensiven medialen Berichterstattung hinausgehenden Agenda-Setting Effekt zur Folge haben.

Als Beispiel nennen Dearing und Rogers in ihrem Werk unter anderem die große öffentliche Aufmerksamkeit für die Drogenproblematik in den Vereinigten Staaten gegen Ende der 1980er Jahre. In einer Zeit, in der die Anzahl der Drogentoten in den USA rückläufig war, ergab eine Umfrage der "Gallup Organization 1989, dass das Thema dennoch als das wichtigste politische Problem an der Spitze der 'Public Agenda' stand. Grund für diese Diskrepanz war der Tod eines prominenten Sportlers an übermäßigem Drogenkonsum, der in einer nationalen Anti-Drogen-Kampagne der First Lady Nancy Reagan resultierte und das

11

Thema auf einen Schlag an die Spitze der Medienagenda beförderte (vgl. Dearing / Rogers 1996: 19 ff.; vgl. auch Jäckel 2011: 199 f.)

Als relativ aktuelles Beispiel eines 'Trigger Events' stechen die schweren Erdbeben in Japan im Frühjahr dieses Jahres hervor. Damals wurden verschiedene Atomkraftwerke, insbesondere eine Anlage in Fukushima durch die Naturkatastrophe stark beschädigt. Tagelang waren die sechs Reaktoren von der Stromversorgung abgeschnitten, was den Ausfall der Kühlsysteme und schließlich sogar eine Kernschmelze zur Folge hatte. Infolgedessen entwichen große Mengen radioaktiver Strahlung aus den Kraftwerken, hunderttausende Menschen mussten evakuiert werden und die langfristigen ökologischen und gesundheitlichen Folgen für die Region sind kaum abzuschätzen.

Nur wenige Tage nach den Erdbeben in Japan verabschiedete die deutsche Bundesregierung aus CDU/CSU und FDP das sogenannte Atom-Moratorium, das ihre im Vorjahr beschlossene Laufzeitverlängerung der deutschen Atommeiler zumindest teilweise rückgängig machte. Damals hatten die Regierungsparteien gegen den heftigen Widerstand der Öffentlichkeit den ‚Ausstieg aus dem Ausstieg‘ beschlossen und den Atomkonsens der rot-grünen Bundesregierung aus dem Jahr 2000 gekippt. Die Entscheidung zog umfangreiche mediale Berichterstattung nach sich und die Atompolitik stieg infolgedessen in der Publikumsagenda auf. Als das Thema einige Monate später an Priorität zu verlieren und das öffentliche und mediale Interesse zu sinken schienen, beförderte die Naturkatastrophe in Japan es plötzlich wieder auf die Titelseiten der Zeitungen und in das öffentliche Bewusstsein.

Infolge des ‚Trigger Events‘ Erdbeben ist ergo ein Agenda-Setting Effekt zu verzeichnen, der das Thema Atompolitik in Deutschland an die Spitze sowohl der Medien- als auch der Publikums- und Politikagenda brachte. Die Bundesregierung begründete ihre Kehrtwende in der Atompolitik mit den Erkenntnissen aus einer so verheerenden Naturkatastrophe - das Risiko der Atomkraft sei letztendlich doch zu groß und unkalkulierbar (vgl. Brost / Dausend / Hildebrandt 2011).

Dies unterstreicht zwei weitere Aspekte in Dearings und Rogers Kausalmodell: Einerseits, dass die ‚Real-World-Indikatoren‘ - in diesem speziellen Fall das Ausmaß und Folgeschäden der Erdbeben - alle Agenden direkt beeinflussen können. Die Regierung unternahm ihre politischen Schritte nicht infolge eines klassischen Agenda-Setting Effekts von der medialen Berichterstattung auf die öffentliche Meinung, sondern reagierte direkt auf die schreckliche Situation in Japan.

Andererseits beweist es auch die direkte wechselseitige Beeinflussung der politischen und medialen Agenda, denn das Thema der deutschen Atompolitik hätte, der Reaktorkatastrophe in Fukushima zum Trotz wohl kaum wieder einen so starken medialen Aufwind erfahren, wenn die Bundesregierung sich nicht für das Atommoratorium entschlossen hätte.

4. ‚Second Level Agenda-Setting': Priming

Die implizite Aussage der Agenda-Setting Hypothese hinsichtlich der Begrenzung des medialen Einflusses auf kognitive Effekte teilt die Priming Hypothese nicht. Der Begriff suggeriert, dass einem bestimmten Thema eine besondere Wichtigkeit eingeräumt wird. Im Unterschied zum Agenda-Setting wird beim Priming jedoch davon ausgegangen, dass diese Priorisierung bestimmter Probleme mit einer unterbewussten Umstrukturierung von Denkweisen und Bewertungsmustern einhergeht.

Demzufolge hätte die mediale Realität indirekt auch einen Einfluss auf die Einstellungen und Bewertungen der Rezipienten. In der anglophonen Fachliteratur hat sich für das Priming daher auch der Begriff des ‚Second Level Agenda-Setting' eingebürgert, weil der Effekt über das erste Level hinausgeht, dass nur die Beurteilung der Wichtigkeit bestimmter Themen im Sinne der klassischen Agenda-Setting Hypothese umfasst.

4.1 Die Erforschung des Priming

Schon vor „News That Matters" wurde in mehreren Studien die Vermutung geäußert, dass ein Zusammenhang zwischen dem Agenda-Setting der Medien und Einstellungen und Bewertungen bestimmter Themen durch ihre Rezipienten bestünde. Iyengar und Kinder waren jedoch die ersten Wissenschaftler, die diesen Zusammenhang methodisch einwandfrei und unzweifelhaft belegen konnten.

Ihren umfangreichen Fragebögen, die sie den Teilnehmern ihrer Untersuchungen jeweils vor und nach einem Experiment vorlegten konnten sie nämlich auch die Bewertung der politischen Performanz des Präsidenten insgesamt sowie auf einzelnen politischen Fachgebieten entnehmen. Sie stellten dabei fest, dass die Evaluation des politischen Handelns des Präsidenten in solchen Themenbereichen, die weit oben auf der ‚Media' und ‚Public Agenda' standen einen besonders starken Einfluss auf die allgemeine Bewertung des Staatsoberhaupts hatten (vgl. Iyengar / Kinders 1982: 855 ff.)

Im Falle ihres ersten Experiments, in dem die Experimentalgruppe in den Nachrichtensendungen zusätzliche Beiträge zur Sicherheitspolitik der Vereinigten Staaten gezeigt bekam, war am Ende der Untersuchung eine stärkere Korrelation der Evaluation des Präsidenten auf diesem speziellen Gebiet mit der Gesamtbewertung der politischen Performanz zu erkennen. Damit wurde die klassische Agenda-Setting Hypothese angefochten, der zu Folge die Medien lediglich einen Einfluss darauf haben, worüber ihre Rezipienten denken, nicht aber was.

Iyengar und Kinders führten nach dieser Erkenntnis weitere Experimente durch, in denen sie erneut Priming Effekte nachzuweisen versuchten. Die Teilnehmergruppen sahen Nachrichtensendungen mit verschiedenen Schwerpunkten und wurden vor und nach der fachspezifischen und allgemeinen Kompetenz unterschiedlicher Politiker befragt. Sie konnten dabei nach dem Experiment eine deutlich höhere Korrelation zwischen der Bewertung der Kompetenz auf dem Schwerpunktthema der Gruppe und der allgemeinen Kompetenz feststellen. Wenn beispielsweise die Bewertung der sicherheitspolitischen Kompetenz des Präsidenten um einen Skalenpunkt anstieg, so verbesserte sich die Gesamtbewertung des Präsidenten in dieser Gruppe um 0.62, was eine hohe Korrelation bedeutet. In der Kontrollgruppe stieg die Gesamtbewertung im selben Fall nur um 0.27, immerhin eine mittlere Korrelation, die jedoch signifikant niedriger ist als die der Experimentalgruppe.

Ferner konnten sie in ihren Experimenten, im Gegensatz zum Agenda-Setting keinen besonderen Einfluss des Faktors Bildung auf die Stärke des Priming Effekts feststellen. Auch die politisch engagierten, interessierten und aktiven Teilnehmer waren vor Priming-Effekten nicht gefeit. Inzwischen sind sich Medienwirkungsforscher einig, dass die Schwerpunktsetzung in der medialen Berichterstattung einen Effekt auf die Bewertungsraster der Rezipienten hat. Iyengar und Kinders hatten mit ihren Experimenten die Vorlage für die empirische Untersuchung des Effekts geliefert und zahlreiche folgende Studien bestätigten ihre Ergebnisse. Einige Politiker machen sich den Priming Effekt heute in öffentlichen Auftritten, zum Beispiel in Talkshows zu Nutzen. Durch die Fokussierung und häufige Nennung bestimmter Themen, bei denen sie besonders kompetent sind, suggerieren sie die Wichtigkeit dieses Themas und erhoffen sich einen positiven Effekt auf die Gesamtevaluation ihres politischen Handelns (vgl. Jäckel 2011: 207 f.).

5. Agenda-Setting und Priming im 21. Jahrhundert

Seit Walter Lippmann im Jahre 1922 erstmals den der klassischen Agenda-Setting Hypothese zugrunde liegenden Gedanken formulierte hat die Disziplin eine enorme Entwicklung genommen. Mit verschiedensten Untersuchungsmethoden und –designs wurde dem Agenda-

Setting und Priming im Laufe des 20. Jahrhunderts auf den Grund gegangen. Beide wurden in zahlreichen Experimenten, Umfragen und Inhaltsanalysen zweifelsfrei nachgewiesen.

Als Rezipienten stehen wir heute jedoch vor einer völlig veränderten Medienlandschaft und legen infolge dessen auch ein anderes Nutzungsverhalten an den Tag. Die ständig steigende Anzahl verschiedener Informationsquellen, insbesondere durch das Internet, stellt die Forschung vor neue Herausforderungen. Ist im 21. Jahrhundert also überhaupt noch Platz für Agenda-Setting und Priming? Können die Effekte noch im gleichen Maße durch Untersuchungen bestimmt werden und sind sie tendenziell schwächer oder stärker geworden?

5.1 Die ‚Public Agenda' im Wandel der Zeit

In einer Längsschnittanalyse analysierten McCombs und Zhu die Ergebnisse der Frage der ‚Gallup Organization' nach „the most important problem facing the nation today" für den Zeitraum von 1954 bis 1994. Sie stellten für diese Untersuchung drei Hypothesen auf: Erstens erwarteten sie eine quantitative Zunahme der als wichtig eingeschätzten Themen infolge des steigenden Bildungsniveaus. Ferner rechneten sie mit einer breiter gefächerten Publikumsagenda und weniger ‚major issues'. Zu guter Letzt gingen sie von einer verkürzten Verweildauer eines politischen Problems auf der ‚Public Agenda' aus.

McCombs und Zhu erstellten eine umfangreiche Themenliste von 179 Kategorien, verteilt auf 18 Oberkategorien, in die sie alle Antworten einzuteilen im Stande waren. Für die Frage, ab wann ein Thema als Teil der Publikumsagenda betitelt werden kann setzten sie eine Quote von 10 % aller Antworten voraus – weniger häufig genannte Themen wurden in der Studie nicht berücksichtigt.

Sie kamen zu dem Ergebnis, dass zwar kein Anstieg der Anzahl verschiedener Themen auf der Publikumsagenda im Zeitverlauf zu verzeichnen sei, sahen ihre beiden anderen Hypothesen jedoch bestätigt:

> „The public agenda has been transformed from an era where one or two overriding issues dominated to the current stage where many voices compete for attention. This issue competition [...] leads to a faster rate of issue turnover on the public agenda." (McCombs / Zhu 1995: 517)

Ein bestimmtes Thema blieb im Laufe der Zeit also immer kürzer auf der ‚Public Agenda', was McCombs und Zhu auf ein größeres Medienangebot und eine höhere Informationsdichte bei gleichbleibender ‚issue capacity' der Rezipienten zurückführten. Heute, 16 Jahre nach der

Veröffentlichung dieser Studie, ist von einem weiteren Anstieg der Themenwechsel im Zeitverlauf auszugehen. Infolge der zunehmenden Vernetzung, besonders durch das Internet, sind Rezipienten heute einer vielfach größere Daten- und Informationsmenge ausgesetzt. Die ständig steigende Anzahl von Informationsangeboten von überall auf der Welt konfrontiere die klassische Agenda-Setting Forschung mit methodischen Problemen, stellten McCombs und Zhu bereits 1995 fest.

Die kürzer werdenden Nachrichten- und Themenwechselzyklen machten eine exakte Erfassung der ‚Public Agenda' zunehmend schwierig, da Bevölkerungsumfragen ergo in immer kürzeren Zeitabständen erfolgen mussten. Darüber hinaus wurden die individuellen Agenden einzelner Rezipienten immer ungleicher. Gab es 1954 in der Bundesrepublik Deutschland neben Zeitungen und Hörfunk lediglich einen Fernsehsender, die ARD, so konnten die Zuschauer in den 1990er Jahren nach der Gründung der diversen Privatsender und mittels Satellitenfernsehen bereits hunderte Hörfunk- und Fernsehkanäle aus der ganzen Welt empfangen. Während Mitte des 20. Jahrhunderts der Informationsdurst der Bevölkerung also nur aus wenigen Quellen gestillt wurde, gab es Ende des 20. Jahrhunderts bereits ein Überangebot verschiedener Nachrichtensendungen – jede mit anderen Inhalten und einer anderen Themenpriorität.

Die daraus resultierende, zunehmende Varianz der Publikumsagenden macht eine Betrachtung von Aggregatdaten sinnlos. In früheren Studien wurden alle Individualdaten ohne Betrachtung der Lebensumstände der einzelnen Befragten zusammengenommen, um eine durchschnittliche Publikumsagenda der Gesamtbevölkerung zu bestimmen. Heute würde ein solches Verfahren zu sinnlosen Ergebnissen führen. Stattdessen müssen verschiedene Soziotope gesondert befragt werden, um die Publikumsagenda eines bestimmten Bevölkerungsteils zu ermitteln (vgl. Jäckel 2011: 205 f.; vgl. auch: McCombs / Zhu 1995: 519 ff.).

5.2 Medienagenden im 21. Jahrhundert

Wie bereits angesprochen sind die Nachrichtenzyklen in den klassischen Massenmedien Presse, Hörfunk und Fernsehen stetig kürzer geworden und die Varianz der Themen auf ihren Agenden gewachsen. Häufig wird behauptet, dass die digitale Revolution und der Siegeszug des World Wide Webs, die ständige Verfügbarkeit riesiger Daten- und Informationsmengen diese Zyklen nochmals beschleunigt hätte. Aber verkürzt das Internet tatsächlich die Verweildauer politischer Themen auf den verschiedenen Agenden?

Diesbezüglich nahmen Leskovic et al. im Jahre 2009 eine interessante Analyse vor. Sie verglichen die Dynamik der Nachrichtenzyklen in den klassischen Medien mit der der sogenannten ‚Blogosphäre'. Im Zuge der Verbreitung des Internets gewannen Blogs (kurz für: Weblogs) als meist unabhängige, alternative Informationsquellen einerseits und Diskussionsforen andererseits an Bedeutung. Die Untersuchung ergab, dass Nachrichten in der ‚Blogosphäre' deutlich länger aufgegriffen und debattiert wurden. Die internetaffinen und politisch Interessierten beschäftigten sich online mit politischen Problemen, die von der Medienagenda bereits wieder verschwunden waren.

> „Die Nachrichtenberichterstattung nimmt in den klassischen Medien zwar einerseits schneller zu und erreicht letztlich größeren Umfang als in den Blogs, nimmt jedoch ebenso schnell wieder ab. Dagegen ist für Blogs ein langsamer Anstieg und ein noch langsamerer Rückgang typisch." (Jäckel 2011: 202)

Leskovic et al. stellen somit fest, dass politische Themen praktisch von der Medienagenda an die Agenda der Blogosphäre übergeben werden. Gleichwohl dieser Effekt fast ausschließlich junge, politisch interessierte und internetaffine Menschen betrifft, beweist er doch, dass das Internet keine generelle Beschleunigung der Nachrichtenzyklen zur Folge hat (vgl. Jäckel 2011: 201 f.).

5.3 Fazit

Ich halte fest: Agenda-Setting und Priming Effekte sind nach wie vor Teil der sozialen, medialen und politischen Realität. Neue Massenmedien und ein größeres Informationsangebot sorgen nicht für das Verschwinden dieser Effekte, jedoch sind sie mit klassischen Untersuchungsformen nur noch schwer zu erfassen. Die Forschung wird sich zukünftig stärker auf das Erfassen individueller Medien- und Publikumsagenden konzentrieren müssen, um die unterschiedlichen Inhalte und Schwerpunktsetzungen der verschiedenen Massenmedien ebenso zu berücksichtigen wie das veränderte Mediennutzungsverhalten unterschiedlicher sozialer Gruppen.

Auch die Rolle der Anschlusskommunikation erfuhr erst im Zeitverlauf an Bedeutung und gilt heute als ebenso wichtiger Faktor für die Publikumsagenda. Bei dem Diskurs über politische Themen, die bereits von der Medienagenda verschwunden sind in der ‚Blogosphäre' handelt es sich um Anschlusskommunikation - ebenfalls bei der face-to-face Kommunikation. Die Rolle dieser interpersonalen Form der Kommunikation wurde von der Agenda-Setting Forschung lange Zeit nur wenig beachtet.

Massenmedien beeinflussen auch im 21. Jahrhundert worüber und was ihre Rezipienten denken. Jedoch können sie nicht oder nicht mehr als die einzigen Faktoren im Prozess des Agenda-Setting oder Priming gelten.

Literaturverzeichnis

Brettschneider, Frank (1994): Agenda-Setting. Forschungsstand und politische Konsequenzen. In: Jäckel, Michael / Winterhoff-Spurk, Peter (Hrsg.) (1994): *Politik und Medien. Analysen zur Entwicklung der politischen Kommunikation.* Berlin: Vistas.

Brost, Marco / Dausend, Peter / Hildebrandt, Tina (2011): *Ausstieg aus dem Ausstieg aus dem... .* In: Die Zeit, 13/2011 vom 24.03.2011.

Cohen, Bernard Cecil (1963): *The Press and Foreign Policy.* Princeton: Princeton University Press.

Dearing, James W. / Rogers, Everett M. (1996): *Agenda-Setting.* Thousand Oaks, CA: Sage.

Funkhouser, G. Ray (1973): The Issues of the Sixties: An Exploratory Study in the Dynamics of Public Opinion. In: American Association for Public Opinion Research (Hrsg.): *The Public Opinion Quarterly*, Vol. 37, No. 1 (Spring 1973). Oxford: Oxford University Press. S. 62 – 75.

Iyengar, Shanto / Kinder, Donald R. / Peters, Mark D. (1982): Experimental Demonstrations of the "Not-So-Minimal" Consequences of Television News Programs. In: The American Political Science Association (Hrsg.): *The American Political Science Review*, Vol. 76. Cambridge: Cambridge University Press. S. 848 – 858.

Jäckel, Michael (2011): *Medienwirkungen. Ein Studienbuch zur Einführung.* 5., vollständig überarbeitete und erweiterte Auflage. Wiesbaden: VS Verlag für Sozialwissenschaften.

Lippmann, Walter (1990 [zuerst 1922]): *Die öffentliche Meinung.* Bochum: Universitätsverlag Dr. N. Brockmeyer.

McCombs, Maxwell E. / Shaw, Donald L. (1972): The Agenda-Setting Function of Mass Media. In: American Association for Public Opinion Research (Hrsg.): *The Public Opinion Quarterly,* Vol. 36, No. 2 (Summer, 1972). Oxford: Oxford University Press. S. 176 - 187.

McCombs, Maxwell E. / Zhu, Jian-Hua (1995): Capacity, Diversity, and Volatility of the Public Agenda; Trends from 1954 to 1994. In: The Public Opinion Quarterly, Vol. 59, No. 4 (Winter 1995). Oxford: Oxford University Press. S. 495 – 525.

Scheufele, Dietram A. / Tewksbury, David (2007): Framing, Agenda Setting, and Priming: The Evolution of Three Media Effects Models. In: International Communication Association (Hrsg.): *Journal of Communication 57.* Hoboken: Wiley.

The Way Of the Seid-Man

By

Theodoric Dukka

Table of Contents

Disclaimer..4

Chapter 1...5

My story...5

Chapter 2 11

Spirit-Working...11

Chapter 3..20

Seidr...20

Chapter 4..41

Galdr..41

Chapter 5 44

The Elephant in the Room..44

Chapter 6 59

Invoking the Runes..59

Chapter 7..79

Offerings...79

Chapter 8..87

The Tribes of Gods..87

Chapter 9..93

Odin..93

Chapter 10...105

Frigga...105

Chapter 11..109

Skadhi..109

Chapter 12...115

Freyr..115

Chapter 13 121

Thor...121

Chapter 14 126

Loki...126

Chapter 15..133

Freya..133